हेमंत देवलेकर

हेमंत देवलेकर का जन्म 11 जुलाई, 1972 को उज्जैन, मध्य प्रदेश में हुआ। उनके दो कविता-संग्रह प्रकाशित हैं—'हमारी उम्र का कपास' और 'गुल मकई'। कई नाटकों का लेखन तथा रूपान्तरण भी किया है।

उन्हें मध्य प्रदेश हिन्दी साहित्य सम्मेलन द्वारा 'वागीश्वरी पुरस्कार' से सम्मानित किया जा चुका है।

वे 2011 से विहान ड्रामा वर्क्स, भोपाल में अभिनय, गीत लेखन और संगीत निर्देशन में सक्रिय हैं।

ई-मेल : hemantdeolekar11@gmail.com

हमारी उम्र का कपास

हेमंत देवलेकर

राधाकृष्ण पेपरबैक्स

राधाकृष्ण पेपरबैक्स में
पहला संस्करण : 2023

राधाकृष्ण पेपरबैक्स : उत्कृष्ट साहित्य के जनसुलभ संस्करण

राधाकृष्ण प्रकाशन प्रा. लि.
जी-17, जगतपुरी, दिल्ली-110 051
द्वारा प्रकाशित

शाखाएँ : अशोक राजपथ, साइंस कॉलेज के सामने, पटना-800 006
पहली मंजिल, दरबारी बिल्डिंग, महात्मा गांधी मार्ग, प्रयागराज-211 001
1, अनमोल सोराबजी सन्तुक लेन, धोबी तलाव, मरीन लाइंस, मुम्बई-400 002
वेबसाइट : www.radhakrishnaprakashan.com
ई-मेल : info@radhakrishnaprakashan.com

विकास कम्प्यूटर एंड प्रिंटर्स
ट्रॉनिका सिटी-201 102
द्वारा मुद्रित

मूल्य : ₹199

HAMARI UMRA KA KAPAS
Poetry by Hemant Deolekar

ISBN : 978-81-19092-97-0

उज्जैन की धरती
और
भोपाल के आसमान के लिए

पेड़ों के झुनझुने बजने लगे
लुढ़कती आ रही है
सूरज की लाल गेंद
उठ, मेरी बेटी सुबह हो गई

—सर्वेश्वर दयाल सक्सेना

इस कविता के उजास ने राह मुझे दिखाई

क्रम

समुन्दर बचपन में बादल था

बाल क़बीले का लोकगीत

[बच्चे, जिनकी भाषा ध्वनि के अंडों में से फूट रही है, उनके लिए]

टुईयाँ गुईयाँ
ढेम्पूलाकी चुईयाँ

बेंगी पुंगी चिक्कुल भाकी
नक थुन धाकी भुईयाँ

अब दुन भेला ठुन-ठुन केला
बीन भनक्कम पुईयाँ

हगनू पटला झपड़ तो बटला
शुकमत टमटम ठुईयाँ

गझगन चिम्बू छुकछुन लिम्बू
झलबुल टोला ढुईयाँ

टुईयाँ गुईयाँ
किंचुल गोला मुईयाँ।

नन्हा स्वावलम्बन

[सोई चुकु के लिए]

अँगूठा मुँह में दुबका है
तू गाढ़ी नींद में खोई है

नींद
तुझे ले गई है
एक सुनसान टापू पर
जहाँ तेरे सिवा
नहीं है कोई और

उस वीरान
एकाकीपन में
यही अँगूठा
तेरे मुँह में घुल-घुल कर
मीठा-मीठा दूध
बनाता है
तुझे पिलाता है

सच कहूँ
तेरे मुँह में दुबका
यह अँगूठा नहीं

थन है
तेरा ही थन

यों तू माँ बनी है
ख़ुद अपनी।

सर्जना भरी हँसी

[टिम्मालू के लिए]

तेरी हँसी को सुन :
मिट्टी और उतावली
मौसम-बेमौसम
कुछ भी उगा देने को,
तालाब और मछलीदार,
खिड़की और हवादार,
टहनियाँ और चिड़ियादार।

तेरी हँसी को सुन :
खिलौने और नई उधेड़बुन में
किन नये-नये तरीकों से तुझे हँसाया जाए,
फिरकनियाँ और चक्करदार,
गेंद और टप्पेदार,
गुल्लक और सिक्केदार।

तेरी हँसी को सुन :
चिड़ियाघरों को और गहरा एहसास
अभयारण्य होने का,
नदियाँ और पानीदार,
हवाएँ और पतंगदार,
आंगन और रंगोलीदार।

तेरी हँसी को सुन :
ईश्वर को और तीव्र चाह
तेरी माँ कहलाने की,
शब्द और प्रार्थनादार,
रंग और उत्सवदार,
श्वास और ख़ुशबूदार।

चितुर-पितुर

[डुम्पु के लिए]

आड़ी-तिरछी,
गोल-चौकोर लकीरें
इनमें छुपी भाषा की तक़दीरें

यह अनाम, अरूप, अजाना
ढेर जो चितरा है
दरअसल अनन्त का बिन्दुपन है
उद्गम है समुद्र का

इन्हीं में से
अंकुरित होंगे अक्षर
इन्हीं में से उभरेंगे अंक
चिह्न इन्हीं से

वाक्यों के मोहल्ले में रहनेवाले
किताब शहर के नागरिक, अक्षरों!!
आओ देखो,
तुम सब बचपन में ऐसे ही थे
अनाम, अरूप, अजाने
सिर्फ़ गोल-गोल
आड़ी-तिरछी
उल्टी-सीधी लकीरें

हम आधा टिकट

[डिंग फू के लिए]

हम आधा टिकट
हम आधी सवारी?

गोदी किसी की भी
पूरी सीट हमारी
हम पूरी सैर, हम पूरे मज़े
हम आधा टिकट
हम आधी सवारी?

हम पूरी खिड़की, हम पूरी रेल
हम पूरी नदी, हम पूरे खेत
हम पूरे पुल, बोगदे पूरे
हम आसमाँ पूरा, पर्वत पूरे
हम पूरी सैर, हम पूरे मज़े
हम आधा टिकट
हम आधी सवारी?

हम पूरी पटरी, हम पूरी सिटी
हम पूरे जंगल, हम पूरी घाटी
हम पूरे स्टेशन, हम पूरे गाँव
हम रेल का अँगूठी-सा गोल घुमाव
हम पूरी सैर, हम पूरे मज़े

हम आधा टिकट
हम आधी सवारी?

हम रेल में बिकती सारी चीज़ें
हम खाना-पीना, खेल-खिलौने
हम पूरी हवा, हम पूरी धरती
हम पूरी छुट्टी, हम पूरी मस्ती
हम पूरा शोर, हम ख़ुशी पूरी
हम पूरी सैर, हम पूरे मज़े
हम आधा टिकट
हम आधी सवारी?

हँसी का रंग हरा होता है

[हर बच्चे के लिए]

हँसी का रंग हरा होता है
जहाँ-जहाँ भी हरापन है
तेरे ही खिलखिलाने की अनुगूँज है वहाँ-वहाँ

कल्पना का रंग होता है आसमानी
जहाँ तक पसरा हुआ है आसमान
तेरी कल्पनाओं के दायरे में आता है

ज़िद का रंग होता है बहुत गहरा
इतना कि एक बार जिस चीज़ की रट लगा लेती है तू
हमारी किसी भी समझाइश का रंग
चढ़ता ही नहीं उस पर

और रोने का रंग...?
वह तो किसी रंग जैसा होता ही नहीं
क्योंकि जब रोती है तू
रंगों के चेहरे पड़ जाते हैं फीके

रंग जिनकी इच्छा—
भरपूर चटकीलेपन में जीना
चाहते हैं पृथ्वी भर हरापन
क्योंकि तेरी हँसी का रंग हरा होता है

कट्टी
[टिम्पी के लिए]

जब तू कट्टी हो जाती है
मिठास खट्टी हो जाती है

ग़ुस्से में आग बबूला हुई
जलती भट्टी हो जाती है

खिलौनों के नन्हे दिल दल देती
चलती घट्टी हो जाती है

चिड़ियों-सी चहचह काफ़ूर हुई
मुँह पर पट्टी हो जाती है

मचल कर ज़मीं पर ही लोट गई
धूला-मट्टी हो जाती है

कल्पना

[जिम्बुडा के लिए]

उसने काग़ज़ पर
एक चौकुट्टा-सा
गोला बनाया
और मन में कहा—
'चिड़िया'

फिर उसने
उस गोले में कहीं
एक बिन्दी मांड दी
और मन में कहा—
'आसमान'

सच,
चिड़िया की आँखों में
आसमान
बिन्दु भर ही तो होगा

वह नींद में है

[पिंचुक पिन्ना के लिए]

वह नींद में है

जब तक वह नींद में है
तब तक शोरगुल
चुप्पी ओढ़े सो रहा है
और मस्ती
थमी हुई गाड़ियों के साथ
आराम फ़रमा रही है

जब तक वह नींद में है
भागमभाग
स्टैंड पर खड़ी साइकिल की तरह
सुस्ता रही है
और सारे हठ
संन्यासी जैसी आँखें मूँदे
चले गए इच्छाओं के पार

जब तक वह नींद में है
शान्ति बैठी है रानी बन
लेकिन हर पल
उसे अपने राज पर
एक ख़तरा-सा होता महसूस

और बन्द पलकों पर टिका
सिंहासन उसका डोलता रहता है
काँपता रहता है

राग रुदन

[टेमली पू के लिए]

उसने राग रुदन छेड़ रखा है

यह दिन या रात के
किसी भी पहर गाया जानेवाला राग है—
है बचपन के थाट का
इसमें हँसी ठट्ठे का हर एक स्वर वर्जित है

कुछ चीज़ों के ख़याल सँजोए थे उसने
जो विलम्बित कर दिए थे हमने
अचानक द्रुत हो उठे हैं

उसने बिगड़कर, झगड़कर,
ज़मीन पर लेट-मचल कर
कार्यक्रम का आग़ाज़ किया है

उसके आलापों में तीव्र विलाप हैं
कोमल स्वर सारे निषिद्ध हैं

आँसू वादी और संवादी स्वर

तानपूरे पर संगत कर रही है
उसकी ज़िद

जो उसकी आड़ में छुपकर बैठी है
और "टुंग...टुंग...टुंग...टुंग" कर
उसके कान भरे जाती है लगातार

तबले पर संगति है उसके ग़ुस्से की
जो हाथ-पाँव पटक-पटककर
बजा रहा है अपने ही कायदे और परण

हारमोनियम पर है उसकी फेंका-फेंकी
कुटती-पिटती-टकराती चीज़ें
अपनी टंकारों से
स्वरों से भटकने नहीं देती उसे
वह राग से खेलने में खोई हुई
तानें लेते हुए ताने मार रही है

वह खरज पर उतरे तो धरती फट पड़े
और तार-सप्तक के आख़िरी सुर तक पहुँचे तो आसमान
उसकी घरानेदार गायकी की यही ख़ासियत है

पता है?
उसके गालों पर एक टीका था
जिस पर एक घोंसला था
जिसमें 'हँसी' नाम की चिड़िया अंडे दिया करती थी
बाढ़ में बह गया है
ऐसे डूब कर गाया है आज राग उसने

लेकिन हम तालियाँ नहीं बजा पाते
"वाह-वाह उस्ताद" कह नहीं पाते
और अपना पसीजा हुआ दिल भी छुपा नहीं पाते

उम्मीद है, वह जल्द लौट आएगी राग से बाहर
जहाँ उसकी फ़रमाइशी चीज़ें
ईनाम-ओ-इकराम की तरह मिलनेवाली हैं

...और उन चीज़ों का भी मन यही
कि इस संगीत-सभा का समाहार
एक तराने से हो
'हँसी' जिसका राग हो
रोने का हर एक स्वर वर्जित हो

बचपन में

समुन्दर बचपन में बादल था
किताब बचपन में अक्षर
माँ की गोद जितनी ही थी धरती बचपन में

हर पकवान बचपन में दूध था
पेड़ बचपन में बीज
चुम्मियाँ भर थी प्रार्थनाएँ बचपन में

रिश्तेदार सारे बचपन में खिलौने थे
हर वाद्य बचपन में झुनझुना
हँसी की चहचहाहट भर थे गीत बचपन में

ईश्वर बचपन में माँ था
हर एक चीज़ को मुँह में डालने की
जिज्ञासा भर था विज्ञान बचपन में
और हर नृत्य बचपन में
तेरी उछल-कूद से ज़्यादा कुछ नहीं था

एक जुलाई का गीत

बीती छुट्टी गर्मी की, खुली पाठशाला सबकी
मौज-मस्ती की आदतें मुश्किल से भुलाईं
आया रे आया रे आया एक जुलाई

नई किताबें, नई कॉपियाँ, बस्ते नये-नये
नये-नये गणवेश, स्कूल के रस्ते नये-नये
उत्साह भरे बच्चों ने शान से गर्दन डुलाई

आया रे आया रे आया एक जुलाई

शाला जाने में होगी बहुतों के जी में मचलन
माँ धमकाकर भेजेगी उनको स्कूल जबरन
ऊधमखोर बच्चों ने गालों की जोड़ी फुलाई

आया रे आया रे आया एक जुलाई

बस्ते, वॉटर बैग लदा ताँगा गाता छुन-छुन
रस्ते भर बिखरी पट्टी-पहाड़ों की गुनगुन
फिर लौटा शाला में जीवन, टूटी लम्बी सुलाई

आया रे आया रे आया एक जुलाई

हो-हल्ला

[बिं चिम्पाकु के लिए]

वह चित्र में रंग भर रही है
और रंग बेसब्री से इन्तज़ार कर रहे हैं
अपनी बारी आने का

उछल-उछलकर कहते हैं रंग
"पहले मैं...पहले लो मुझे
सबसे रंगीन हूँ मैं ही
मुझे भर लो नऽ अपने चित्र में, प्लीज चिम्पाकु"।

कोई ज़रूरी नहीं कि पेड़ हरा ही बनाया जाए
लाल कहता है—"पत्ते मेरे ही अच्छे दिखेंगे"
पीला, गुलाबी और नीला झगड़ते हैं—
"मैं...मैं बनूँगा पेड़
पत्ते तो बस मेरे ही!!"

पानी तो सदियों से नीला रहा है
बहुत पुराना नहीं हो गया क्या पानी?
नारंगी कहता है—"मुझे भर दो,
दुनिया का सबसे नया और अनोखा समुन्दर मैं ही बनाऊँगा"
हरा, कत्थई, पीला भिड़ते हैं
"मैं...मैं बनूँगा समुन्दर

पानी तो मेरा ही सबसे सुन्दर"

हवा दिखाई नहीं देती तो क्या
होती तो है न
कहता है गुलाबी—"मैं बनूँगा हवा"
भूरा, बैंगनी, फ़िरोज़ी भी मचलते हैं—
"मैं...हवा तो मैं ही
ठंडी और बारिश की महक वाली"

वह चित्र में रंग भर रही है
और हर एक रंग है चाहता
कि वही-वही फैला हुआ हो
उसके चित्र में
रंग तो बस उसी का जमा हो
गाढ़ा और चटक।

गुनगुन के लिए

जी चाहता है
तेरा गुब्बारा बन जाऊँ
या बन जाऊँ घर्र-घर्र घूमती चकरी
या फिर झूला, गेंद, गुड़िया...
या जैसी भी तेरी मर्ज़ी

खिलौनों में डूबे बच्चे
कल्पना का अन्तरिक्ष लगते हैं
उस में कौन तैरना नहीं चाहेगा

तेरा खिलौना बनकर देखूँ तो सही
कितनी मशक़्क़त करना पड़ती है
तुझे हँसाने में...
तुझे मनाने में...
कुतुहल जगाने में...

तेरे चेहरे पर बसन्त खिलाने के लिए
खिलौने के सारे मौसम हो जाते हैं ख़र्च
कितना धीरज होता होगा उसमें
और कितनी सहनशीलता भी

तू फेंकती है
रौंदती है

तोड़ती है
खोलती है
जितनी ममता से भींचती है बाँहों में
उतनी ही बेरुख़ी से छोड़ भी देती है अकेला

कितना अचरज कि उसने न कभी आपा खोया
न बहाए आँसू
खिलौने के अलावा कौन है ऐसा
जिसमें रत्ती भर भी अहं ना हो

तेरा खिलौना बनकर देखूँ तो
शायद मुझमें भी उस जैसी सम्भावना हो

डिम्बु टिम के लिए

तू अगर फ़ौज में भर्ती हो जाए
तो यक़ीन है कि सारी तोपें
पिचकारियों में बदल जाएँगी

फिर उनसे गोला बारूद नहीं दाग़ा जाएगा
रंग बरसाए जाएँगे

सरहदों के उस पार
जहाँ गिरेंगे तेरे रंगीले गुब्बारे
ख़ून ख़राबे की आदी हो चुकी धरती
महसूसेगी अपना नया जन्म होते हुए

अब तक के इतिहासों में दर्ज हैं
पड़ोसी मुल्कों के बीच अक्सर होती शान्ति वार्ताएँ
अक्सर होते शिखर सम्मेलन
इन महज़ दिखावटी रस्मों के पीछे छुपा होता है
युद्धों का निर्मम चेहरा अक्सर
तंग आ चुकी है दुनिया दोग़लेपन से

अब जो इतिहास बने
उसमें ऐसे हुक्मरान हों
जो सरहदों पार की जनता को भी
अपनी अवाम समझें

तू अगर फ़ौज में भर्ती हो जाए तो यक़ीन है
सीमाओं पर लगी
कँटीले तारों की बाड़ काट दी जाएगी
और खोल दी जाएँगी तमाम सरहदें

फिर यह पृथ्वी
फ़िज़ूल टुकड़ों में बँटी नहीं होगी
तब्दील हो चुकी होगी
एक घर, एक आंगन में।

खिलौनों की थैली

[डम्फा के लिए]

कृपया उसे ढचरा गाड़ी के अस्थि पंजर जैसी मत समझिए
कहिए कि झुनझुने जैसी बजती है
तेरे खिलौनों की थैली

जी हाँ, उसमें अब सिर्फ़ पुर्ज़े रहते हैं...
उसके संग खेलते-खेलते
खिलौने कब पुर्ज़ों में बदल गए
उनको भी नहीं पता

क्या कोई टुकड़े-टुकड़े बिखरकर भी
मस्त और पूरा दीख सकता है?
वह जादू यहाँ है—
उस की थैली में

जब वह दुनिया के सबसे बड़े अजूबे को दिखाने
कौतूहल से आपकी ओर बढ़ती है
उस थैली में कंगारू के बच्चे
छलाँग मार देने को बेसब्र दीखते हैं

दुनिया में हवा जैसे बची ही नहीं
ऐसा मुँह हो गया हवाई जहाज़ का—
पंख उड़ गए हैं,

पहिए ख़ुद ही लुढ़क रहे हैं
और गाड़ियाँ अपाहिज खड़ी हैं

हाथी की सूँड़
चिड़िया की चोंच में फँसी हुई

पिचकी गेंदें : चाँद के गड्ढों की मानिन्द
गुड़िया का सिर एक गड्ढे में सोया हुआ

ढोल फटा हुआ
गुफा समझ कर उसमें रहने लगा है डायनासौर

हाथ विहीन सुपरमैन
उसके हाथ रेलगाड़ी को धकाने चले गए हैं
उसकी छाती पर गुदे 'S' को
बन्दर की झांझ ने ढाँप रखा है

कितना चकित कर देती है
यह साझेदारी, ये नये मेल-मिलाप
कि इस तरह भी कोई बिखर सकता है??

तू जा रही है छुट्टियों में नानी के गाँव

[टुटु के लिए]

धुआँ दौड़ा जा रहा है
खेत दौड़े जा रहे
पेड़, कुएँ, डबके
नदी, तालाब, पुल और बोगदे
सभी दौड़े जा रहे हैं

स्टेशन और गाँव
दौड़े जा रहे

बिजली के मोटे-मोटे तारों को
कन्धों पर लादे
दौड़ रहे हैं ऊँचे-ऊँचे खम्भे भी

वो दूर...अकेली
फ़सलों में दुबकी झोपड़ी
और सबसे आख़िर में खड़ा
पहाड़ भी
धीमे धीमे सही
दौड़ा
          जा
                    रहा
                              है

यूँ सारी धरती दौड़ी जा रही
उतनी ही तेज़ी से पीछे
जितनी तेज़ी से बढ़ी जा रही
यह रेलगाड़ी आगे

वे सब पीछे की ओर लौटकर
भर देना चाहते हैं
वह ख़ालीपन
जो तू बनाकर आई है
ताकि वहाँ भुतहा वीराना न लगे
कोई चिड़िया घबराकर
अपने बसेरे से उड़ न जाए।

टिग्गुल

फटी-कुटी पतंगों के
रंगबिरंगी कग्गज को
फाड़-फूड़कर बनाए गए
गोल-गोल, छोटे-छोटे
टिग्गुल

ईंधन की तरह
उनमें भरे गए पत्थर
और फेंके गए ऊँचे
आसमान में

पत्थर तो गिर पड़े जल्द ही
किसी कक्षा में
स्थापित होने के पहले—
रॉकेट के जले हुए भाग जैसे

...और अब
टिग्गुल
आ
रहा
है

धीरे, धीरे, धीरे
धीरे, धीरे, धीरे

जैसे किसी दुर्गम ग्रह से
लौट रहा हो अन्तरिक्ष यान
ख़ूब सारे फोटो
और मिट्टी-पत्थर लेकर

सेमड़ू की नाक आई

हरा-हरा सा
गाढ़ा-गाढ़ा
ठंडा-ठंडा
खारा-खारा
मक्खन का रेला

निकल आए
पिटारे से बाहर
सर्दी का
ताज़ा-ताज़ा
झौल-झमेला

"सुड़ुर-सुड़ुर"
है पुंगी बजती
थोड़ा चख लेता
फिर अंदर
सटका देता गेला

हरा-हरा सा
गाढ़ा-गाढ़ा

ठंडा-ठंडा
खारा-खारा
मक्खन का रेला।

रंगपंचमी

[कनु के लिए]

1

तेरे गालों का ख़ुशबूदार पाउडर
और बाजू में टिमटिमाता टीका काला
तुझे चूमते वक़्त
मेरे होंठ और नाक पर
छप गया था—
चला आया है साथ में
घर से दफ़्तर तक

तेरा ऑटोग्राफ समझकर
सहेज लिया है

शाम तक तेरा चेहरा
मेरे चेहरे में खिलता रहेगा

2

इतनी मीठी...
इतनी मीठी है री तू
कि जब हवाएँ
परिकम्मा करते हुए
तुझे भँवर में घेर लेंगी

तेरी कसम
जिलेबी बन जाएँगी

3

तेरी चोटी में लगा
गुलाबी हेयर क्लिप—
जैसे नदी पर बनी
पुलिया है
सुबह जिस पर से गुज़रती
उस पार जाकर
साँझ हो जाती

तेरी पाजेब—
जैसे दूर-दूर तक फैला
समुन्दर का गोल किनारा
तेरे कूदते-फाँदते पैर
लहरें उठाते हैं उसमें
और समुन्दर का गोल किनारा
कभी चुप नहीं रह पाता
गाता ही रहता

तेरे नाक की नथनी—
जैसे दूज के चाँद पर
बिन्दिया जैसा लकदकाता :
शुक्र तारा
टिमटिमाने में जिसके
देता है सुनाई
साँझ के पहर का राग
सितार पर

4

सूरज कुछ और नहीं
रेडियम का एक टुकड़ा भर है
जो तेरी आँख खुलते ही जगमगाने लगता है

5

दुनिया के
किसी भी साज़ के
किसी भी सप्तक का
कोई भी सुर
इतना ठंडा
भीगा
और चाशनीदार नहीं
जो सुर
तेरी पप्पी में छिपा है।

गणित की किताब

[सिंजुडा के लिए]

तूने अब फिसलना भले ही छोड़ दिया
पर फिसलपट्टी ने
साथ तेरा नहीं छोड़ा
तेरी गणित की किताब में
वर्गमूल का चिन्ह हो गई है वह

कभी ज़मीन छूता
कभी आसमान होता—
सी-सॉ
गुणा का चिह्न बन गया है

बग़ीचे का वह चौखानेवाला गोल गेट
देख तो, बेलन में शुमार हो गया

हर वक़्त टप्पे खाती
लुढ़कती गेंद ने तेरी
अंकों को अनन्त तक दौड़ाने में
महारत हासिल कर ली
अब शून्य कहलाती है

तेरे आइसक्रीम का कोन
बदल गया है शंकु में

तेरे चित्रों के सारे पहाड़
अब त्रिभुज बन गए
और उगता हुआ सूरज
वृत्त के रूप में उग चुका है पूरा।

टिम्पुकली तू बड़ी होकर क्या बनेगी

मैं
बनना चाहती हूँ
ऐसा पेड़
जिसमें कभी
कोई पतंग न फँसे

बनना चाहती हूँ
मैं
ऐसा मेला
जिसमें कभी
कोई बच्चा न बिछुड़े

मैं
बनना चाहती हूँ
ऐसी नदी
जिसमें कभी
कोई नाव न डूबे

बनना चाहती हूँ
मैं
ऐसी दुकान
जो कभी
खिलौनों के दाम न माँगे

मैं
बनना चाहती हूँ
छुट्टी की घंटी
जो मैदान को
कभी सूना न रखे।

हिम्बूलिप्पा के लिए

तू सोई है
घर की चिलबिलाहटें
ग़ुम हो खोई हैं

इस वक़्त यह घर इतना सूना है
कि ताक पर पड़े
खिलौनों का दुख दूना है

मस्तीखोरी, धमाचौकड़ी, शोर-शराबा
सब कुछ बन्द है
घर भर की नाड़ी
इसलिए बहुत मन्द है

न रोना-चिल्लाना है,
ना हँसना-गुनगुनाना है
तेरी चहचाहट के बिना
हर घोंसले में वीराना है

गेंद को लगता है
वह गोल नहीं रही
चौकोर हो गई है
गुड़ियाएँ चुपचाप बैठे-बैठे बोर हो गई हैं
गाड़ियाँ थककर चित पड़ी हैं

और तू अपनी ही ज़िद पर अड़ी है

टकटकी बाँधे खिलौने अभागे
देख रहे हैं कब तू जागे
और तेरी समाधि टूटे
तो उनका बैराग छूटे

खिलौनों की क़सम

[टिंगी डिम्बू के लिए]

सारे खिलौने
एक हठ को पकड़े
जीते हैं तेरे संग
कि बचपन की ओस को
भाप न बनने देंगे

मगर जब तू पापा के
ढीलम-ढाले जूतों में
पिद्दे-से पैर डाले
डगमगाती फिरती है घर भर
उनकी दाढ़ी का बुरुश
पीपल के लाल-कँवले पत्तों जैसे
अपने गालों पर घुमाती है
कभी-कभी आईने में देख
उनके जैसी मुच्छी भी चितर लेती है

क्या तूने कभी जाना कि
जल्दी से बड़ी हो जाने की तेरी जिज्ञासा का
खिलौनों की क़सम पर
क्या असर हुआ होगा?

कितनी ठेस पहुँची होगी उन्हें

जो जीते हैं तेरे संग
तेरी परछाई बन
महज़ इसलिए कि
तू कभी जान न पाए
बचपन की क्षणभंगुरता
और चिरंजीवी बना रहे
तेरा-उनका चहचहाता साथ।

मगर
एक डर
सताता तो है उनको
कि जैसे-जैसे तू बड़ी होती जाएगी
वे छूटते जाएँगे
और एक दिन निरे अकेले रह जाएँगे

यही सोच गुमसुम होते हैं वे
इसीलिए तेरी पलकों में छुप-छुप कर सोते हैं वे।

बच्चों की सोहबत में

घर की हर चीज़ सलीक़े से रखी हुई है
पर चीज़ें बड़ी उदास हैं
इस क़रीनेपन में

वे इन्तज़ार में हैं कि बच्चे आएँ
और सारी सजावट क़तरा-क़तरा बिखेर दें
चीज़ें महज़ दिखावटीपन जीना नहीं चाहतीं

बच्चे चीज़ों को मुक्त करते हैं
बँधी-बँधाई जगहों, चरित्रों और उपयोगिताओं से

वे उनके दायरों को बनाते हैं—अन्तरिक्ष
कंघी को गाड़ी बना सरपट दौड़ाते हुए
उनसे नई-नई भूमिकाएँ करवाते हैं
वे अपना विज्ञान स्वयं खोजने में तल्लीन
इसलिए उन्हें खिलौनों से खेलना कम
उन्हें खोलना ज़्यादा खेल भरा लगता है

टूटने-फूटने के डर से चीज़ें छुपा देना
बच्चों की खोज-बीन में ख़लल है
देखो तो, वे चीज़ें बच्चों से मिलने के लिए कितनी बेसब्र हैं
ताकि कोई नया नाम, नया काम
और जीने की कोई वजह नई मिल सके

झुनझुने का कंकड़

[कुहू के लिए]

तेरे झुनझुने में क़ैद
वह कंकड़ छोटा-सा
अधीर है
उस बंधन से छूटने को।

उस कोठरी से आज़ाद होने की
उसकी प्रबल आकांक्षा—
तुझे छूने की, अपलक निहारने
और तेरे नवरंगी खेलों में शामिल होने की
बच्चों-सी आकांक्षा

उस फ़क़ीर-से कंकड़ को आस है
कि तेरे शहज़ादे खिलौनों की रियासत में
उसे भी मिल जाएगा कोई चबूतरा

उम्मीद है उसे
झुनझुने की 'रुनझुन छुनछुन' की ख़ातिर
तेरा बुलावा आएगा,
ढेर सारा शुक्रिया कहेंगी तेरी आँखें
सोने की मुहरों भरी थैली से
उसका एहतराम किया जाएगा

पर यह भी जानता है वह
कि जब तक झुनझुने के अंदर है
तभी तक उसमें स्वर हैं
वरना बाहर तो केवल कंकर है

ज़रूरी नहीं कि एक जीवन में
सबका स्पर्श मिले
लेकिन अपने सृजन से
अनगिन दुनिया, अनगिन काल
लगाए जा सकते हैं गले

फिर...बजने लगा झुनझुना
मारे ख़ुशी के तुझे नाचता देख
पूरी होने लगी उसकी आकांक्षा

टीका टिप्पणी

[झप्पुड़ी के लिए]

तेरे गोल मटोल से गालों पर
टिका हुआ, मैं हूँ टीका काला

जब दिखेगा दर्पण में
अपना सुन्दर सलोना
रूप मनमोहना
तब शायद तू चौंक पड़े
जब तेरी नज़र मुझ पर पड़े
यह भद्दा धब्बा-सा क्या है
सुन्दरता का सारा गुड़-गोबर हो रहा
—तेरे कितने ही संशय मैं ढो रहा

मुझे अजनबी ना समझ
माँ के ही आँखों के काजल से जन्मा बिन्दु हूँ
या उसकी करुणामय दृष्टि से छलकी एक बूँद
या जैसे उसने निकालकर धर दिया हो
अपना ही वत्सल लोचन
करता रहेगा जो तेरा अवलोकन

हर क़दम पर साथ तेरे
जैसे हूँ तेरी परछाई

अंगरक्षक कभी देखा है बौना
प्यार से बुलाते हैं मुझे डिठौना

तेरे गालों के गुम्बद पर बैठ
आनेवाली हर भली-बुरी नज़र को
भाँप लेता हूँ दूर से
और निगल जाता हूँ बुरी नज़र
जैसा निगलता कृष्ण विवर
मैं होने नहीं देता बाँका एक भी बाल
अणु-सा लघु हूँ
पर मैं ही तेरी ढाल।

पाउडर, क्रीम, नेल पॉलिश,
रिबन, चूड़ी, बाली, माता, पैंजनी
सिंगार के यह सब साधन
दरअसल अपनी ही नुमाइश में मस्त हैं
जबकि झेल लिए मैंने कुरूपता के ताने
और चल दिया तेरी सुन्दरता बचाने

तेरी सेहत का टोटका,
स्वास्तिक मानो या गुदना,
शुभंकर हूँ बचपन का,
एक शब्दातीत प्रार्थना
बीजाक्षर,
कई-कई अर्थ हैं, बिम्ब मेरे
मेरी वामनता पर न जा विराटता देख
बिन्दु से ही निकलती है एक असीम रेख।

छड़ी की वेदना

मैं हूँ छड़ी
अपने आप से शर्मिन्दा हूँ बड़ी
पता नहीं कब किस पेड़ की
डगाल से तोड़कर ले आए
और शिक्षक रहस्यमय ढंग से मुस्कुराए

विद्यालय में आना
मेरी वेदना की घड़ी बन गई
देखो, एक सीधी सादी लकड़ी
रौबदार छड़ी बन गई।

धीरे-धीरे मुझे डरावना बना दिया
क्रूर बना दिया धीरे-धीरे मुझे
बच्चे काँपने लगे मेरे ख़याल से थर-थर
मेरे वजूद का एक ही मतलब था—डर
डर...डर...केवल डर
ज्ञानदायिनी सरस्वती का यह घर
ओह...डर ही डर तो था उसके भीतर
ज्ञान को किया जा चुका था बेघर।

बच्चों के विद्यालय में रहकर मैंने यही जाना है कि
बच्चों को पढ़ाना दुनिया का सबसे मुश्किल काम है
बच्चों को पढ़ाना दुनिया का सबसे ज़रूरी काम है

पर जिनको न बच्चों से, न बचपन से सरोकार है
जिनके लिए यह काम केवल नौकरी है, पगार है
ऐसे ही लोगों की बच्चों के विद्यालय में भरमार है
और कितनी क्रूर सच्चाई है कि
एक छड़ी पर शिक्षा का सारा दारोमदार है

बच्चों की शिक्षा का चेहरा तब कुछ और हुआ होता
अगर शिक्षक से इन सवालों को किया होता
वह प्रेम से कितना सराबोर है?
संवेदना-करुणा की क्या उठती हिलोर है?
हर बच्चे को मानता है क्या अपना बच्चा?
क्या उसमें अब भी ज़िन्दा है बचपन का बच्चा?
डिग्रियों को परे रखकर ये सवाल किए जाते
तो प्रसन्न माहौल में रहते बच्चे, ख़ौफ़ नहीं खाते

पर अब शिक्षा का मतलब सज़ा है
गुरु शब्द कहीं लहूलुहान पड़ा है
शिक्षक जैसे कोई बदला लेने पर अड़ा है
हर किसी बात पर सज़ा
दूध से बने कोमल कच्चे शरीरों से हिंसा

कितना मर्मांतक है कि इस हिंसा की
मैं ही ज़िम्मेवार हूँ
अब सिर्फ़ एक बात की तलबगार हूँ
अगले जन्म में बनूँ तो गेंद बनूँ
जितनी चोटें पहुँचाई हैं
उतनी ही लातें, मारें खाऊँगी
तब अपने किए का
प्रायश्चित कर पाऊँगी।

आओ बच्चों एक साथ आओ
मुझे मुक्ति की ओर मोड़ दो
उठा लो मुझे और टुकड़े-टुकड़े तोड़ दो।

तेरा पड़ोस

[किसी भी बच्चे के लिए]

तेरे जन्म के वक़्त
जितना ज़रूरी था माँ के स्तनों में दूध उतरना
उतना ही ज़रूरी था पड़ोस

एक स्तन को छोड़
दूसरे को मुँह लगाने जितना पास
यह पड़ोस
माँ का ही विस्तार है

घुटनों-घुटनों सरक कर पड़ोस में जाना
धरती नापने की शुरुआत है
पड़ोस तुझे क्षितिज की तरह लगता
कितने सारे रहस्यों भरा और पुकारता

वहाँ तेरी हर इच्छा के लिए 'हाँ' है,
जब-जब घर तुझे रुलाता
तेरे आँसू पोंछने पड़ोस भागा चला आता

तेरे लंगोट पड़ोस की तार पर सूखते
और जब तू लौटती है घर
तेरे मुँह पर दूध या भात चिपका होता

वहाँ की कोई न कोई चीज़
रोज़ तेरे घर चली आती

तू अपना घर पड़ोस को बताती
और पड़ोस पूछने पर अपना घर

बचपन के बाद यह बर्ताव
हम धीरे-धीरे भूल क्यों जाते हैं?

हमारी उम्र का कपास धीरे धीरे लोहे में बदल रहा है

हमारी गेंदें अब लुढ़कती नहीं
चौकोर हो गई हैं,
खिलौने हमारे हाथों में
आने से कतराते हैं
धींगा-मस्ती, हो-हुल्लड़
याद नहीं, हमने कभी किया हो

पैदाइश से ही इतने समझदार थे हम
कि किसी चीज़ की ज़िद में
कभी मचले नहीं, रोए नहीं
स्कूल को जानेवाला रास्ता
देखा नहीं हमारे पैरों ने
हमारी उम्र का कपास धीरे-धीरे
लोहे में बदल रहा है

दूध से भरे हमारे कोमल शरीर
पसीने से लथपथ रहते हैं अक्सर
और फ़ख्र है हमारे माँ-बाप को
कि गिरस्थी का बोझ उठाने के क़ाबिल हो गए हम

हम पटाखों में भरते हैं बारूद,
होटलों में कप-बसियाँ धोते हैं,

रेल के डिब्बे में अपनी ही कमीज़ से
लगाते हैं पोंछा,
गन्दगी के ढेर पर बीनते हैं
प्लास्टिक और काँच,
ग्रीस की तरह इस्तेमाल होता है
हमारा दूधिया पसीना

कारखानों के बहरा कर देनेवाले
शोर और दम घोंटू धुएँ के बीच
हम अक्सर तरसते हैं
बाहर आसमान में कटकर जाती
पतंगों को लूटने

लेकिन हमने कभी सवाल नहीं उठाए
कि खेलने-कूदने की आज़ादी क्यों नहीं हमें?
क्यों पढ़ने-लिखने का हक़ नहीं हमें भी?
ये सवाल न उनसे पूछे
जिन्होंने काम पर भेजा हमें
और न पूछे उनसे जिन्होंने
काम पर रखा हमें

दुत्कार और लताड़ से भरे शब्द ही
नाम रह गए हैं हमारे

ये दुआएँ की जाती हैं हमारे बारे में
कि हम कभी बीमार न पड़ें
शोरगुल और धमा-चौकड़ी मचाते बेफ़िक्र बच्चे
दिखाई न दे जाएँ हमें
और स्कूल जाते बच्चों का
हमसे कभी सामना न हो

दूध से भरे कोमल शरीर हमारे
पसीने से लथपथ रहते हैं अक्सर
हमारी उम्र का कपास
धीरे-धीरे लोहे में बदल रहा है

लौटना फिर चुके हुए समय में

मालगाड़ियों का नेपथ्य

रेलवे स्टेशन की समय सारणी में
कहीं लिखा नहीं होता उनका नाम
प्लेटफ़ॉर्म पर लगे स्पीकरों को
उनकी सूचना देना क़तई पसन्द नहीं,
स्टेशन के बाहर खड़े साइकिल रिक्शा, ऑटो, ताँगे वालों को
कोई फ़र्क़ नहीं पड़ता उनके आने-जाने से,
चाय-नमकीन की पहिएदार गुमठियाँ
कोने में कहीं उदास बैठी रहती हैं,
वज़न बताने की मशीनों के लट्टू भी
कहाँ उनके लिए धड़का करते हैं,
आधी नींद और आधे उपन्यास में डूबा बुक स्टॉल वाला
अचानक चौंक नहीं पड़ता किताबों पर जमी धूल हटाने के लिए,
कौन उनके लिए प्लेटफार्म टिकट निकालता है—
हाथों में फूल-माला लिए आता है?

मालगाड़ियों के आने-जाने के वक़्त
पूरा स्टेशन और पूरा शहर तक़रीबन
पूरी तरह याददाश्त खोए आदमी-सा हो जाता है

इतनी बड़ी उपेक्षा का ज़ख़्म पसीने से छुपाए
भारी-भरकम माल असबाब के साथ

वे ढोती हैं दुनिया की ज़रूरतें
और ला-लाकर भरती हैं हमारा ख़ालीपन

एक्सप्रेस ट्रेनों की ख़ातिर
हमेशा ही रोका गया उनका रास्ता
हरा सिग्नल उनको हक़ की तरह नहीं,
दया की तरह मिला

जब-जब मालगाड़ी को देखो
वह मज़दूरों के काफ़िले-सी लगती है
रोज़ दुनिया बनाने की जद्दोजहद में
दुनिया में अपनी हिस्सेदारी से बेख़बर।

फेरीवाले

(जे ई ईई वाले ए ए ए ऐ ईईई वाले कटला बाटल हो)

वे अपनी आवाज़ों को सायरन की तरह बजाते हैं
और गिरस्थी के तहख़ानों में ग़र्क लोगों को
खिड़की तक खींच लाते हैं

वे व्यापार की प्राचीनतम शैली,
बाज़ार का अमूर्त चेहरा
परम्परा की तरह सदियों से
चले आ रहे हैं फेरीवाले

(आ ईईईं विया लो बला मा ए ए ए ए ए)

डॉक्टरी पर्चों की लिखावट सरीखी उनकी आवाज़
वे साफ़-साफ़ शब्दों में पुकारना नहीं चाहते।
ठेले में बेतरतीबी से समाई
अनगिनत ज़रूरतों को वे रहस्य बना कर पुकारते हैं
और आसपास एक मजमा लगा लेते हैं।

अब धीरे धीरे
छावनी बनता जा रहा है बाज़ार
जहाँ रोज़मर्रा की हर छोटी-मोटी मामूली चीज़ बेचने
नामी-गिरामी कम्पनियाँ डटी हुई हैं

तो कैसे बच पाएँगे हमारे आसपास
हाट, मेले, ठेले...?

(रिही ईई लो ओ ओ ओ माई रीही लो ओ ओ)

फेरीवालों की पुकार
आगाह करती एक आख़री चीख़ है
जो पानी में डूबते एक हिलते हाथ से आ रही है।

पेड़ों का अन्तर्मन

कल मानसून की पहली बरसात हुई
और आज यह दरवाज़ा ख़ुशी से फूल गया है

खिड़की दरवाज़े महज़ लकड़ी नहीं
विस्थापित जंगल होते हैं

मुझे लगा, मैं पेड़ों के बीच से आता-जाता हूँ
टहनियों पर बैठता हूँ
पेड़ों की खोखल में रखता हूँ किताबें
मैं जंगल में घिरा हूँ
किंवदंतियों में रहनेवाला
आदिम ख़ुशबू से भरा जंगल

कल मौसम की पहली बारिश हुई
और आज यह दरवाज़ा
चौखट में फँसने लगा है
वह बन्द होना नहीं चाहता
ठीक दरख़्तों की तरह

एक कटे हुए जिस्म में

पेड़ का ख़ून फिर दौड़ने लगा
और दरवाज़ा बचपन की स्मृतियों में खो गया :

बारिश पेड़ों के नाचने का मौसम है।

मिट्टी

पत्थरों की हड्डियाँ हैं मिट्टी के जिस्म में
जड़ें शिराएँ,
गहराइयों में चुपचाप सरकता पानी
वीर्य है मिट्टी का

बदरंग मिट्टी के रंगीन और सुन्दर चेहरे हैं—फूल
तितलियाँ उनके सिरों पर सजे रंगीन मुकुट

मिट्टी का स्वाद है अनाज
फलों में सारा रस मिट्टी का
वृक्ष महत्त्वाकांक्षा मिट्टी की
वसन्त मिट्टी के जन्म का उत्सव

पत्तियाँ मिट्टी की अनन्त हथेलियाँ
छाया का आशीर्वाद बरसाती
पत्तियों का बजना : मिट्टी के साँस लेने की आवाज़ है
पंछियों के कंठ से मिट्टी ही गाती है

जीवों के वैभवशाली नगर हैं मिट्टी में
बीज मिट्टी का ही गर्भ,
कुआँ मिट्टी का गड़ा हुआ धन
और बादल कामेच्छा है मिट्टी की

बारिश के सहवास से
मिट्टी सुगन्ध से भर जाती
पृथ्वी के साथ ही मिट्टी पैदा हुई
यह आदिम विरासत है हमारी

सभी का अन्तिम गन्तव्य मिट्टी है
सबके लिए खुला है मिट्टी का दरवाज़ा
मगर असंख्य रसायनों का ज़हर बोकर
हमने मिट्टी को मृत्यु के दरवाज़े तक पहुँचा दिया है।

धूल

धीरे-धीरे साथ छोड़ने लगते हैं लोग
तब उन बेसहारा और यतीम होती चीज़ों को
धूल अपनी पनाह में लेती है

धूल से ज़्यादा करुण और कोई नहीं
संसार का सबसे संजीदा अनाथालय धूल चलाती है

काश हम कभी धूल बन पाते

यूँ तो मिट्टी के छिलके से ज़्यादा हस्ती क्या उसकी
पर उसके छूने से चीज़ें इतिहास होने लगती हैं

समय के साथ गाढ़ी होते जाना—
धूल को प्रेम की तरह महान बनाता है
ओह, हम हमेशा उसे झाड़ देते रहे
बिना उसका शुक्रिया अदा किए।

मछलीघर

1

कलर बॉक्स से ऊबकर
भागे हुए रंग
चित्रकार की मर्ज़ी पूछे बिना
ख़ुद ही फैल गए हैं
पानी के कैनवास पर

लहरों के सुन्दर चेहरे,
उनकी थिरकती देह
और लोकगीत बन गए हैं रंग

कलर बॉक्स में अब
रंगों की परछाइयाँ हैं केवल

2

उड़ती पतंगों के प्रतिबिम्ब थे
पानी की सतह पर तैरते
जो डोर तोड़कर अपनी-अपनी
गोते लगा गए हैं
पानी में गहरे

और भाग रहे हैं
छूने पानी का रोम-रोम

3

प्यार
        मस्ती
                और झूमाझटकी मची है यहाँ
नाच रहा सारा फागुन
ढोल पर बजती रजवाड़ी पर।

पानी दौड़ा जाता है
पानी को रंग लगाने
और पानी की ही गलियों में
मची है रंगपंचमी

भोपाल : कुछ लैंडस्केप्स

सुन्दरता वह प्रतिभा है
जिसे रियाज़ की ज़रूरत नहीं
भोपाल ऐसी ही प्रतिभा से संपन्न और सिद्ध

यह शहर कविताएँ लिखने के लिए पैदा हुआ
आप इसे पचमढ़ी का लाडला बेटा कह सकते हैं
पहाड़ यहाँ के आदिम नागरिक
झीलों ने आकर उनकी गृहस्थियाँ बसाई हैं

इस शहर में पानी की खदानें हैं बेशुमार
मछलियों के अक्षय खनिज भंडार से भरीं

इस शहर में जितनी मीनारें हैं
उतने ही मन्दिर भी
लेकिन बाग़ीचों की तादाद उन दोनों से ज़्यादा

इस शहर का सबसे ख़ूबसूरत वक़्त
शाम को झीलों के किनारे उतरता है
और यह शहर अपनी कमर के पट्टे ढीले कर
पहाड़ों से पीठ टिकाए
अपने पाँव पानी में बहा देता है
और झील में दिये तैरने लगते हैं

यह अकादमियों, संग्रहालयों का शहर,
यह लेखकों, कलाकारों की बस्तियों का शहर
यह पहाड़ी गली-कूचों का,
यह बाघों-मगरमच्छों का शहर
यह जंगलों के सच्चे अनुभवों का शहर
यह लाल-पीली बत्ती के लाव लश्कर का शहर

इस शहर की तहज़ीब और मिज़ाज को जानना हो
तो बेधड़क घुस जाओ इसकी पुरानी गलियों में
जहाँ हर वक्त मेलों की रंगत है
और जलसों का नूर,
जहाँ चाँद की सदारत में सजती हैं
मुशायरों, कव्वालियों, बैतबाज़ी की महफ़िलें

रासायनिक त्रासदी का ज़ख़्म है यह शहर
इसने अपने गहरे शोक में ब्रश भिगोए
और रंग फैलाए
इसने जीवन की निरन्तरता को
सबसे बड़ी कला माना

यह थोड़ा आन्दोलनों और थोड़ा हड़तालों में बीतता हुआ
और बाक़ी...मुआवजों के चक्कर में उलझा हुआ

गोकि इस शहर का दूसरा नाम राजधानी भी है—
हर ख़ास-ओ-आम कितनी सारी फरियादों,
उम्मीदों और विरोधों को लिए
चला आता हर रोज़
ट्रेक्टरों-बसों में भरकर,
तख़्तियाँ, बैनर, मशालें लिए,
उधार के काग़ज़ पर कोई दरख़ास्त लिए

कभी शान्तिपूर्ण जुलूस की शक़्ल में
कभी उपद्रव की ख़ातिर...
इस शहर को सभी
न्यायाधीश की तरह देखते हैं।

महानगर होने की कीमत
क्या एक दिन हर शहर को चुकानी पड़ेगी?
पहाड़ी, जंगल, तालाब
सभी पर हैं अब लालची निगाहें
'स्मार्ट सिटी' पुकारो तो 'स्वार्थ सिटी' सुनाई देता है

ऐसा नहीं कि यह शहर गूंगा है
मगर विकास का बुलडोज़र
हर उठती आवाज़ को गिरा देता है।

रोशनियों के प्रतिबिम्ब

[बड़ी झील पर रात में अक्सर]

अँधेरे के घनघोर झुरमुट में
नींद की तरह पड़े पत्तों पर
एक चमकदार हरी इल्ली है
जो रेंगना भूल
खड़ी है ठिठकी-सी

पत्तियों की रेशेदार झिल्ली में
कुछ कँपकँपाता है हर वक़्त
पक्षियों की सफ़ेद बीट-सा
चाँद पड़ा है उस पर

दूर कहीं एक लम्बी टहनी है
किसी और ही दुनिया से आ रही है
धूप उस पर
रोशनी की चींटियों ने
नाक से नाक मिलाते हुए
मचा रखी है भागमभाग
और रात सो नहीं पाती

अचानक कहीं से घुरघुर करता एक जुगनू
आकर

दूर अँधेरे में धँस जाता है

हवा के थपेड़ों से कितनी पत्तियाँ उड़ीं
लहरें बनीं
मगर एक चमकदार हरी इल्ली है
जहाँ की तहाँ रुकी हुई, ख़ामोश

जंगली फूल

कोई फूल जंगली नहीं होता

जंगलों में खिलने भर से
क्या फूल जंगली हो जाते हैं?

फूलों और पेड़ों के बारे में
हमारी जिज्ञासाएँ
सवालों में नहीं बदलतीं
ये हमारा जंगलीपन है

देवताओं को अर्पित होना
और गुलदस्तों में शरीक़ होना ही
कसौटी है क्या फूल होने की?

करेले के फूल पर बैठी
तितली को देखो!
उसकी आँखों में वही ख़ुशबू है
जो गुलाब देते वक़्त हमारे हाथों में होती है।

गाँठ

चारा पत्ती की तलाश में
यहाँ-वहाँ भटकती अम्मा
उसके पीछे-पीछे
चार-पाँच दूधमुँहे बच्चों का रेला

भूख से कुलबुलाती
बच्चों की आँखों में झूल रहा
दूध से भरा पूरा कोजागिरी का चाँद

मगर अम्मा नहीं रुकती कहीं
दूध पीयें तो कैसे?
आपस में धकियाते, छलाँग लगाते
सब उसके थनों की ज़द में रहने की जुगत में

अम्मा को दया क्यों नहीं आती
कब नसीब होगा दूध
बच्चे रुआँसे हो चले
और वह उनको देखती तक नहीं

अम्मा का जी जानता है कि अपनी मर्ज़ी से
चाहे जब दूध नहीं पिला सकती बच्चों को
क्योंकि वह सिर्फ़ अम्मा तो नहीं
एक बकरी भी है

और उसके झूलते थनों पर
रस्सी की गाँठ पड़ी हुई है

मैंने देखा वह गाँठ
जैसे दुनिया पर कसता शिकंजा हो
क्या यह इकलौती गाँठ है
या ऐसी ही अनगिन और भी
जो बच्चों के बुनियादी हक़ों पर कसी हुई हैं?

...और उन्हें खोलनेवाले हाथ क्या इसी दुनिया के होंगे?

रेल में से नदी

जैसे ही पता चला
कि नदी आनेवाली है
पूरे डिब्बे में खलबली-सी मच गई

हर कोई जेब टटोलने लगा,
बटुए में झाँकने लगा
उस वक़्त ज़िन्दगी की सबसे बड़ी ज़रूरत
सिर्फ़ एक सिक्का थी
जिसे मिल गया
उसमें नदी-सा पूर आ गया,
जिसे न मिला
वह रेत की नदी हो गया

बीते ज़माने के सिक्के
शायद इसी वक्त के लिए
अंटी में बाँधे थे बुज़ुर्गों ने :
बच्चे सिक्के लिए खिड़की से झाँक रहे थे

पूरा डिब्बा नदी की प्रतीक्षा में
जितना सिक्का था
उतना ही नदी था

नदी आई...
यात्रियों ने फटाफट सिक्के डाले

किसी महान उत्तरदायित्व के पूरे होने का
आत्म सन्तोष बिखरा था डिब्बे में

सोचता हूँ
रेल में से ही नदी
नदी क्यों दीखती है,
क्यों हमें रेल में से डाला गया सिक्का
घाटों पर याद नहीं रहता?

नदी कब तक अपना अस्तित्व
सिक्कों में तलाशेगी...?

मई में पचमढ़ी

साज के झरे हुए पत्तों से भरा जंगल
जैसे छायाओं ने उतार दी हो अपनी केंचुली

झिंगुरों का स्वर
टहनियों का पार्श्वगायन है

सूखे पत्तों का ढेर
पुल और सुरंग दोनों ही
गिरगिटों के बच्चों के लिए

घंटियों की पगडंडी प्रकट होती है
उस पर से चली आती बकरियाँ
पत्तों के कब्रिस्तान में बिना शोरगुल

घंटियाँ हर पत्ते की साँस टटोलती हुई
घाटी में उतर जाती हैं

पचमढ़ी

1

दूर-दूर तक पहाड़ों के क़बीले हैं

पहाड़ समूहों में रहना पसन्द करते हैं
जंगलों ने उनकी तलहटी में पनाह ली है

शहरों के बढ़ते साम्राज्य के ख़ूनी पंजों ने
जंगलों की ज़मीनें छीनीं
और जान बचाकर भागने को किया मजबूर
जंगल अपने कन्धों पर
कुछ जीवों को बिठाए
काँख में थोड़े से पेड़ दबाए भागे
पहाड़ों ने अपने क़बीलों की सुरक्षित घेराबन्दी में
जंगलों को शरण दी है

2

अकेला पहाड़
भेड़ियों के बीच घिरे मेमने-सा होता है
आबादी बसाने की भू-भक्षी इच्छाएँ
पहाड़ की बोटी-बोटी खूँदना जानती हैं

पहाड़ जंगलों की रक्षा करते हैं
या जंगल पहाड़ों की
तय करना मुश्किल है
लेकिन पहाड़ी समुदाय अपने साथियों को
कहीं अकेला रहने की आज़ादी नहीं देता

पहाड़ समूहों में रहना पसन्द करते हैं

देनवा दर्शन

[देनवा नदी में चलकर जाने का अनुभव]

पत्थरों के बीहड़ से बह रहा है
पानी का उत्साह
रेत की निराशाएँ टूट रही हैं

नदी को पार करना
पत्थरों में डूब कर निकलना है
मई के दिनों में
ख़ाली सीपियों-से निष्प्राण पड़े पत्थर
नदी की प्रतीक्षा में हैं

पत्थरों की साँस है पानी
उनकी रगों में दौड़ती मछलियाँ
पत्थरों की उत्कंठा

नुकीलापन पत्थरों का ब्रह्मचर्य है
उनकी धार को अपनी देह के आवर्त में घेरकर
मृदुल और विनम्र बना देगी नदी

वे गृहस्थ होने की कामना में
मई के दिनों में सिर्फ़ पत्थर हैं

झील

1

पानी पर एक रास्ता बनाती हुई
गुज़र गई बोट
एक फ़व्वारा-सा उसका पीछा रहा करता

एक आवाज़
जो उस रास्ते पर चलकर
पहाड़ियों के पीछे हुई अदृश्य

सिग्नल पर रुकी भीड़-सा
पानी कुछ देर रहा ठहरा
फिर झील में गया मिल

पानी के निचाट सूनेपन में
वह एक बोट
याद की तरह छूट जाती है

2

पहाड़ी
कालीन की तरह बिछी है झील पर

डबल रोटी के टुकडे उछाले जाते हैं
कालीन के तहख़ानों से
सिर उठाती है मछलियाँ
तैरती डबलरोटी टुकड़ों में बिखर जाती है

झील के होंठ मुस्कुराहट की तरह फैलते हैं

3

झील पर तैरती एक दोपहर

मछलियाँ
अपने सिरों पर
रोशनी के जवारे उगाए
नाचती हुई
चल रहीं

यह चल समारोह
सूर्य के विसर्जन का

4

पानी को सीलती रहती हैं मछलियाँ
इसलिए पानी कभी उधड़ता या फटता नहीं
और मछलियाँ इस बात से बेख़बर
कि वे धागे बन चुकी हैं

एस. आकाश का बाँसुरी वादन सुनकर

हवा में झूलती हुई एक टहनी
उस पर आठ गुलाबी चिड़ियों का
अविराम कलरव

चार की चोंच दीखती
चार की पीठ

गुलाबी चिड़ियों की फुदक-कुदक
और चिव-चिव, किव-किव मची हुई
जाने क्या सम्मोहन उस टहनी में
कि कोई चिड़िया उड़ कर जाती नहीं

सब की आवाज़ों के तेवर अलहदा हैं

किसी की सुनने का सब्र नहीं किसी में
अन्धाधुन्ध क़िस्सागोई छिड़ी हुई

फूँक साँस का एक दरिया है
जो उस टहनी में से बह रहा
उस पर छह कोटर हैं
उनमें चोंच डुबोकर चिड़ियाँ
उस दरिया का पानी पीतीं

बादलों को अपनी चोंच में दबा लेनेवाली
और समुद्र की तलहटी में
मछलियों से दोस्ती कर आनेवाली
चिड़ियों के करतब सुनने
आ जुटी है सृष्टि

जब तक फूँक का दरिया है
चिड़ियों का कलरव तभी तक
उसके बाद तो निस्पंद काठ की एक बाँसुरी है
और निचाट नीरव उँगलियाँ ही शेष।

आवाज़ : चेहरे और आत्माएँ

[प्रसिद्ध पार्श्वगायक मन्ना डे की आवाज़ की कुछ अनुभूतियाँ]

नीम के तने-सा कत्थई रंग है
इस आवाज़ का
ये आवाज़ हम्मालों, फ़क़ीरों और मल्लाहों की है,
इस आवाज़ का सीना पहाड़-सा चौड़ा
और गुम्बदों-सा बुलन्द है
इसके सीने के बाल
सख़्त धूप झेलने से जल-से गए

यह आवाज़ बचपन से ही इतनी संघर्षशील कि
इसके कोमल कन्धे चौड़े होते गए
और यह जवानी में ही बूढ़ी दिखने लगी

यह शख़्स शक्लोसूरत में निहायत मामूली
यह किसी के सपनों का राजकुमार न बन सका
लेकिन प्यार इसने इबादत की तरह किया
घाटियों में अब भी इसकी पुकार गूँजती है
न आनेवाली सदाओं के लिए
कोई अफ़सोस नहीं इस आवाज़ में

तमाम पीड़ाओं और वंचनाओं का कोरस है
यह आवाज़

तमाम संघर्षों, आन्दोलनों, जुलूसों के जन गीतों का
लोहा और नमक इस आवाज़ में शामिल है

इस आवाज़ में लगातार बहता है पसीना
लोहे-लंगड़ से भरा भारी एक ठेला धकेलते
मज़दूर के पांवों की फूलती पिंडलियों का दम है
इस आवाज़ में,
इस आवाज़ में लहराता है
दिशाओं में खोया महासागर
और तूफ़ानों से टकराते जहाज के मस्तूल का फड़फड़ाना,
किनारा पा लेने की अदम्य इच्छा
और पौरुष का दुस्साहस है यह आवाज़

दुआ के लिए उठे हाथों का भला चेहरा
इसमें आता है नज़र,
मोर्चे की ओर कूच करते फ़ौजियों के क़दम
यह आवाज़ सुन ठिठकते हैं—
उन्हें सुनाई देती है जंग की निस्सारता,
बन्दूकें शान्ति के लिए प्रार्थना
इसी आवाज़ में करती हैं,
मिट्टी की कातर आँखों में
काले मेघों के छा जाने का स्वप्न है
यह आवाज़,
यह जब लोरी गाकर बच्चों को सुलाती है
इसकी आवाज़ में दूध उतरने लगता है।

इस आवाज़ में ठेठ पुरानापन है
देहात, बोलियाँ, ताँगे और बैलगाड़ियाँ
'एक दिन आधुनिकता सब कुछ बदल डालेगी
और संगीत हिंसा से भर जाएगा'

इस दुःस्वप्न का ख़्याल तक नहीं आने देती यह आवाज़।

अपराधियों का पश्चाताप घुला है इस आवाज़ में
और सारे प्रायश्चित इसी आवाज़ में किए जाते हैं।

हम दोनों के बीच एक हारमोनियम है

हम दोनों के बीच एक हारमोनियम है

हारमोनियम के उस तरफ़
सुरों को अपनी उँगलियों की थापों से
जगाती हुई तुम बैठी हो
और इस तरफ़ तुम्हारे सुरों में नाद भरने
पर्दे से हवा धौंकता हुआ मैं
हरमोनियम :
किलकारियाँ भरता, हाथ-पैर चलाता
एक नया-नवेला बच्चा है
हम दोनों उसे खिलाने में लगे हुए हैं

मेरे-तुम्हारे दरमियान एक बरसाती नदी है
जिसमें राग अनन्त लहरें उठाते हैं
हम डूबते हैं उस नदी में
खेलते हैं सतरंगी मछलियों के संग
हारमोनियम हम दोनों के बीच उस नदी की तरह है

लेकिन क्या तुमने
यमन की सरगम याद करते हुए
कभी ग़ौर से देखा है हारमोनियम को?
वह तुम्हें पुल की तरह दिखाई नहीं देता
जिस पर से दौड़-दौड़कर

हम एक दूसरे के क़रीब तक पहुँचते हैं
और छुए बिना ही भीग-भीग जाते हैं

हम दोनों के बीच जो हारमोनियम है
उसमें शब्द नहीं हैं तो क्या
वह वही भाषा बोलता है
जो मेरी है, तुम्हारी है

हम दोनों के बीच हारमोनियम
एक चरखे की तरह है
जो बुन रहा है बहुत महीन
और मुलायम धागे।

ख़ाली मात्रा

[तबला वादक प्रस्तुति में कुछ अन्य क्रियाएँ भी करता है, वे ही ख़ाली मात्रा हैं]

धा धिन धिन धा   धा धिन धीन धा
धा तिन तिन ता   ता धिन धीन धा

आगे पीछे खिसकाया कभी माइक
कम ज़्यादा लेवल जो था करवाया ठीक
तने हुए तबले को शार्प करवा कर
डग्गे की गमक को गुंजाया अधिक

धा धिन धिन धा   धा धिन धीन धा

बजते बजते चढ़ा या फिर उतरा सुर
दिखा थका मांदा, आराम को आतुर
झट उठा हथौडी से थोड़ा ठोंक दिया
ठक ठक ठक कठाक कठाक ठा-तीं

धा धिन धिन धा   धा धिन धीन धा

पाउडर की डब्बी में अपने हाथ सना
दाएँ बाएँ पर लगा उसे पसराया
मैदानों से पर्वत शिखरों की तरफ़
राग रथ इस सारथी ने दौड़ाया

धा धिन धिन धा   धा धिन धीन धा

मीलों लम्बी परण बजाई
बिजली सी उँगली दौड़ाई
चुआ पसीना माथे से औ'
मुख पर स्वेद लहर उमड़ाई
उठा रुमाल पसीना पोंछा
द्रुत तम चरम पर ली तिहाई

धा धिन धिन धा   धा धिन धीन धा

माईक

एक बत्तख है
ऊँचे टीले पर बैठी
ध्यान मग्न, अविचल

सितार एक पहाड़ी झरना है

झरने की बूँद बूँद
अपनी मोटी चोंच से पी लेती है

संगीत

कितना संगीत भर देता है प्रेम

तेज़ तेज़ धड़कते होंठ
माउथ ऑर्गन बन जाते हैं।

मैं इन दिनों प्रेम में हूँ

1

अब मेरा यह शरीर
मेरा नहीं रहा
प्रेम ने इस तरह अपनी देह से
मुझे मुक्त किया

मैंने पहली बार महसूस किया कि
इसमें जो सुगन्ध है और नया प्रकाश
वह तुम्हारा है

जैसे मैंने गर्भधारण किया है
मैं पहले तुम्हारे लिए जीता हूँ

प्रेम वीर्य बन इस जिस्म में दौड़ रहा है

जीवन उत्तरदायित्वों का नहीं
आनंद का नाम है

किसी घृणित चीज़ के प्रति भी
मेरे मन में बेहद प्यार है

मैं इन दिनों प्रेम में हूँ

2

जब प्रेम का इज़हार करेंगे हम
कोई भी महान उपलब्धि
हमारे काम नहीं आएगी

काम आएगा सिर्फ़
स्त्री के क़दमों में बैठ
काँपते हाथों से फूल देना

उसकी उत्सुकता फूल में नहीं
हमारे अहं शून्य विनय में होगी
वह देखेगी कितने शालीन होते हैं पुरुष के हाथ
और बच्चे की तरह कितने भोले

हमारी आँखों की पुतली में उभर आई
जीने की उत्कट इच्छा में झाँकते
थरथराएगा उसके होंठों का लाल रंग

उसका फूल लेना
पूँछ की तरह चिपके हमारे इतिहास को
काट देता है

उस क्षण से हम होना शुरू होते हैं।

लौटना फिर चुके हुए समय में

एकमात्र संघर्ष
एकमात्र स्वप्न
एक ही दुर्दान्त इच्छा
लौटना फिर चुके हुए समय में
जीना फिर युवा होते दिनों में

कोई विश्वास भला करेगा कैसे
भिखारियों की तरह माँगता रहा
लेकिन तरस की तरह भी न मिला प्रेम
चुम्बनों से सर्वथा वंचित
एक आत्महंता
अपनी सारी प्रतिभा भुलाकर
पागलों की तरह करता रहा
प्रेम का पीछा

माँ मेरे लिए बारिश के दिनों में
खिला हुआ इन्द्रधनुष थी
माँ के बाद प्रेमिकाओं में
उसे ही ढूँढ़ता रहा
मैं प्रेम करते हुए लौटना चाहता था बचपन में
प्रेमिकाओं की गोद में लेटे हुए होना चाहता था युवा

उनकी देह से ज़्यादा
उनकी करुणा की कामना थी मुझे
मैं उनकी ममता का याचक

जिन गीतों को सुनते हुए
मेरी हड्डियों पर मांस
ज्वार की तरह चढ़ रहा था
और मेरी लम्बी नाक की नोक पर नमक
सूरज की तरह चमका करता था
आज उन गीतों की नज़र में
मैं केवल एक स्मृति
और अपनी नज़र में
केवल एक अन्तराल

मेरी आँखों और हाथों का कुँवारापन एक तपस्या है।
स्त्री के प्रेम की कल्पना
मेरे ज़िन्दा रहने की गहरी वजह
यह प्रतीक्षा का अन्तरिक्ष है
मैं अन्तहीन पथ पर घूमता कोई तारा।

स्त्री का न होना

घर एक आवारा परछाईं है

शाम को कहाँ लौटा जाए
और किस वजह से...?

यह आईना एक यातना है
जिसमें मेरी कामनाएँ क़ैद हैं

बिना काँटों की घड़ी का नाम :
उत्साह है

स्त्री का न होना
सिर्फ़ मन का वनवास नहीं
अपनी देह का आविष्कार न कर पाने की
व्यर्थता भी है।

टापरे

ईंट-पत्थरों के वज़नों से सर ढँके
काँटों की टहनी, टायर, माथे पे यूँ रखे
जैसे कि टोपी पगड़ी पहने हैं टापरे

बरनियाँ अचार मुरब्बे की हैं धरी
लाल मिर्च पसरी हैं नमी से भरी
धूप से इलाज यूँ करते हैं टापरे

टापरों पे चढ़के देता है बाँग मुर्ग़ा
चोरी से जाए बिल्ली पैरों में पहन बुर्क़ा
नीड़ पंछियों के बनते हैं टापरे

पत्तों के हैं गलीचे यहाँ पर बिछे हुए
फूलों भरी लताओं के तोरण सजे हुए
बाग़ों के जैसे सुन्दर लगते हैं टापरे

आते हैं जब अचानक कुछ झुंड में बन्दर
कूद-फाँद करके घर उलाँघते बन्दर
पागल पखावजों से बजते हैं टापरे

टापरे पे चढ़कर गिलकी हुई जवाँ
चढ़ा करेला नीम, अंगूर आसमाँ

खेत जैसे बिलकुल लगते हैं टापरे

कैसे चढ़ पाएँगे पतंग उड़ानेवाले
भागें कैसे इन पे झक्कड़ उठानेवाले
बच्चों की लानतें झेलते हैं टापरे

बेटी घर से हो विदा फिर सोचें छत की बात
लगे नौकरी बेटे को तो सोचें छत की बात
ख़्वाब पक्की छत के देखते हैं टापरे

पूर्णिमा

उन्हें अपना बिखराव
खलता था
लिहाज़ा एक रात
कुछ तारे इकट्ठा हुए
अगली रात और जुड़े
फिर और बढ़े

कई लगातार रातों तक
उनके संगठित होने का सिलसिला चलता रहा

रात की स्याह सियासत
उनके एकजुट होने पर काँपती

ऐसी ही एक रात तारे
गोल घेरे में लामबन्द हो
अपनी आवाज़ करते थे बुलन्द

अँधेरे में पूनम की रोशनी थी।

हम बंजारे

रात एक महासागर
असंख्य चमकदार मछलियों से भरा

नींद : समुद्री सफ़र
बिस्तर : नाव हमारी

हर सुबह : एक नई ज़मीन

ख़ानाबदोश हम
एक दिन से ज़्यादा रुकते नहीं
किसी भी द्वीप पर।

बाई

तब चंद शहर ही महानगर थे
बाकी सारे शहर थोड़े बड़े गाँव
विद्यालय आने-जाने के लिए कोई पीली बस नहीं—
सिर्फ़ एक बाई हुआ करती थी

बिखरे सफ़ेद बालों और कमर में खोंसी
मैली कुचैली साड़ी की परवाह न करते
वह बढ़ती उन घरों की ओर
जहाँ माँएँ गुमसुम और बिलखते बच्चों को
तैयार कर रही होतीं

बच्चों के वास्ते क्या कुछ नहीं थी वह
सहेली, दादी, मैडम,
ऊटपटांग हरकतों वाला जोकर
यहाँ तक कि हिफ़ाज़तदार पुलिस भी

पिटारे में उसके क्या-क्या नहीं था
गाने, नाच, पुचकारें
झिड़कियाँ, धमकियाँ, नसीहतें
भीड़-भाड़ से बचाते हुए
बच्चों को एक क़तार में रखने का करिश्मा उसे आता था
चलते रास्ते बच्चों का पहला पीरियड वही लेती

स्कूल न जाने पर अड़े बच्चों को जब
वह ज़बरदस्ती ले जाने लगती
एक विकराल जादूगरनी भी लगती,
जब स्कूल से लौटने में होती ज़रा-सी देर
कई सन्देह घिर आते उस पर

कितने भी अभाव हों
उसने खुद को सबसे दौलतमन्द माना
आख़िर किस दादी-नानी के पास इतने बच्चे होंगे

भूली जा चुकी चीज़ों की फ़ेहरिस्त में
शायद उसका पता मिले
वह केवल बाई नहीं, एक सभ्यता थी
जो सड़क किनारे की मिट्टी में
लुप्त हो चुकी है गहरे।

पड़े-पड़े

नदी पड़े-पड़े काई हो जाती
मिट्टी पड़े-पड़े धूल

लोहा पड़े-पड़े ज़ंग हो जाता
लकड़ी पड़े-पड़े दीमक

हवा पड़े-पड़े उबासी हो जाती
आग पड़े-पड़े राख

सपने पड़े-पड़े शिकस्त में बदल जाते
इच्छाएँ पड़े-पड़े ऊब में

पड़े-पड़े हर चीज़
केवल कबाड़ होती है।

चुकु-पुकु

[संगीत नाटक अकादेमी की पचमढ़ी नाट्य कार्यशाला,
2006 में बिल्ली के दो बच्चों का आना]

इस युवा रंगकर्मी कार्यशाला में
उनका चयन कैसे हुआ
यह उनको भी नहीं पता
लेकिन ज़िद है उनकी कि हम पच्चीस जनों में
उन दोनों को भी शामिल समझा जाए

मैंने नाम दिए हैं : चुकु-पुकु
एक बिलकुल सफ़ेद है
बर्फ़ीले पहाड़ों के फूल जैसा
दूसरा सलेटी, हल्के काले चकत्तों वाला

दिन भर उछल कूद करते हैं वे
खेलते हैं पकड़मपाटी,
भागा-दौड़ी उनका मिज़ाज है
वे बाज़ीगरों जैसे करतब दिखाते हैं स्टेज पर
जैसे जतलाना चाहते हों—
कार्यशाला छोड़ो, हमें देखो
सीख जाओगे नाटक

वे अक्सर कैमरे के सामने 'पोज़' देते मॉडल लगते हैं
उनके पास संवाद नहीं हैं

कोई निर्देशित भी नहीं करता उन्हें
न माइक है, न लाइट
कुछ भी नहीं होने का कोई मलाल भी नहीं उनको
वे विंग्स में से कितनी ही बार करते हैं प्रवेश
विंग्स में लौट जाते हैं कितनी ही बार
कहीं कोई अन्तराल नहीं
परदा गिरने की कोई वजह नहीं

यहाँ नाटक की दुनिया की
अज़ीम हस्तियाँ आ जुटी हैं
हमें देने तालीम
सिखाने गुर नाटक के
और वे दोनों उनके नियम क़ायदे ताक पर रखते कहते हैं—
"केवल खेल है नाटक
रम गए तो चरित्र
बाक़ी साज़ो सामान दिखावा है"

पता नहीं, संगीत नाटक अकादेमी
उनका योगदान मानेगी या नहीं,
मानदेय देगी या नहीं...?
पर उनका प्रदर्शन लगातार जारी है
और परदा गिरने को तैयार नहीं है।

वे जो कलाकार ज़्यादा, दर्शक कम हैं

[भारत भवन का एक अनुभव]

वे झुंड में रहते हैं अक्सर
रेस्तराँ किनारे की घास पर
एक घेरे में जमे हुए
वहीं से देखा करते हैं
सीढ़ियाँ उतरकर रंगशाला में जाते लोगों को
थोड़ी बेचारगी से

वे ख़ुद रंगशाला के अंदर जाने की
कभी ज़हमत नहीं उठाते
कार्यक्रमों के बारे में उनकी राय है—
'कौन झेले'

वे कला पर लगातार बहस करने में मशगूल
उनकी बातों से झरती है एक कोफ़्त लगातार
वे सन्तुष्ट नहीं किसी से
किसी की तारीफ़ उनकी तासीर नहीं
सबको ख़ारिज करने में
ख़र्च हो रही उनकी प्रतिभा

उन्हें इस बात का अचूक विश्वास है कि
उन्हें मौका मिलता तो
आग लगा देते

मगर वे रेस्तराँ किनारे की घास पर
अलग-थलग पड़े हैं
उनके भीतर ज़ोर-शोर से एक शब्द हुँकारता है
'आग'...!!
और वे सिगरेट जलाते हैं
धुएँ में खो जाते हैं।

बाणगंगा का नाला

हवा यहाँ ऊबड़-खाबड़ तरीके से बहती है। ज़मीन से ज़रा ही ऊपर है यह पुलिया और नीचे से बहता बाणगंगा का नाला। बारिश के दिनों में शामला हिल्स की ढलानों से कई झरने फूट पड़ते हैं और इस नाले में मस्ती के साथ कूद पड़ते हैं। तब इसका वैभव किसी नदी से कम नहीं होता। इस पुलिया से देखो तो लगता है, किसी विशाल दर्रे की तलहटी में खड़े हैं। यहाँ के पैनोरमा दृश्य में एनआईटीटीटीआर की भव्य इमारत है, मोर मुकुट की तरह खड़ा दूरदर्शन टॉवर और ढलानों पर बेतरतीबी से बसाए गए घर, ठूँसे-ठाँसे झोंपड़े और उलझी रस्सियों की तरह पतली गलियाँ हैं।

इन दिनों यह नाला बहुत दुबला पतला है। मगर उसके दोनों किनारों पर जो दलदल है, वह बहुत मांसल है। रात से भी ज़्यादा स्याह काली चमड़ी। इस दलदल में बेशुमार प्लास्टिक पन्नियों के रंगीन धब्बे। सुन्न पड़ा कीचड़ अचानक उठता है। नथूनों से "हुँफ-हूँफ!!" कर इधर-उधर पड़ी टट्‌टी समेटता है और कीचड़ में धँस जाता है। दलदल के किनारों पर हरी-हरी घास उगी है। काले कैनवस पर घास का हरापन और ज़्यादा चमकीला और ज़्यादा गाढ़ा हरा लगता है। घास को देखकर हरा रंग गर्व से खिलखिला उठता है। यह घास दूब-सी इकहरी व कोमल नहीं है। चौड़ी और टाट-सी खद्‌दड़ है। मगर उसे जंगली घास कहना अमानवीय होगा। उस घास पर मुर्गियाँ भाग रही हैं। कुकुडुआँती। यहाँ उनके चुगने के लिए एक आज़ाद धरती पड़ी है। तभी दृश्य में बकरियाँ आती हैं। वे दलदल के किनारे खड़ी होकर नदी तट की कल्पना करती हैं और पानी को बहते हुए सुन रही हैं। घास में चरते हुए देखती हैं दूरदर्शन टॉवर को। "इतनी ऊँची टहनी मगर मनहूस...एक भी पत्ती नहीं। वे खीझ कर घास

में सिर दे देती हैं। उन्हें वह पत्तियों भरी लगती है। बगुलों का रंग आँखों को चौंधियाता है। घुप अँधेरे में चमकते शुक्र तारे जैसा। उनकी जगह एक 'नाका' है। वे गर्दन को तीर की तरह तानकर पूरे नाले पर चौकसी रखते हैं। पानी के रास्ते गुज़रनेवालों को टैक्स चुकाना ही पड़ता है। कुत्ते हैं पूरे इलाके के दरोगा। यहाँ सब कुछ उनका पहले है। इस छोटे से अघोषित वन्य प्रदेश के शेर हैं वे।

चिड़ियाँ, गिलहरियाँ, मक्खियाँ ख़ुद को 'एलिस' समझती हैं और इस वंडरलैंड में भटकती नहीं अघातीं। यहाँ देखो तो गन्दगी ही गन्दगी है, कूड़ा-करकट, कीचड़...मगर घिनौना यहाँ कुछ भी नहीं। बदबू, सड़ांध यहाँ नहीं पाएँगे आप। किनारे ही आँगनबाड़ी है। सर्दी की ठिठुरती सुबहों में घास पर ही लगती है क्लास। मुर्गियाँ क्लास में से भागती हैं। बच्चे गिनती सीखते हैं। अनार-आम रटते हैं। 'म'—मछली का आने तक बगुला कहीं से आकर बैठ जाता है नाले के बीच पड़े पत्थर पर। बच्चे ज़ोर-ज़ोर से जब सबक दोहराते हैं, बकरी के पीछे-पीछे मेमने फुदकते आते हैं।

कचरा बीननेवालों के लिए यह जगह हीरों की खदान से कम नहीं। वे नाले के पानी को छलनी से छानते हैं, बोरा बकासुर की तरह सब कुछ भर लेना चाहता है अपने पेट में।

आस-पास के बाशिंदे यहीं बैठ बीड़ी फूँकते हैं, ताश के खेल जमाते हैं, खाकर पसर जाते हैं और महिलाएँ अक्सर किनारे पर चटाई बिछाकर मैथी के डंठल तोड़ा करती हैं। आसपास ही मंडराती बकरियों की यही कामना होती है कि डंठलों का वजन मैथी की पत्तियों से ज़्यादा निकले।

मुझे लगता है यहाँ के हर एक रहवासी को इस जगह से बहुत प्यार है। उसके प्रति घोर अपनापन है। अगर कोई यहाँ की बदसूरती, बेतरतीबी और बदहाली ठीक करने आएगा तो वे कहेंगे—"नहीं, इसे डिस्टर्ब मत कीजिए। यह जैसा है सुन्दर है। हम इसी जगत में ख़ुश हैं"। उन्हें यह इलाका टेम्स नदी के किनारों जैसा लगता है।

एकांगी 1

अमलतास के फूल बसन्त की बारिश हैं

एकांगी 2

पवनचक्कियाँ हवाओं का शिकार करती हैं

एकांगी 3

मछली को दाना डालोगे तो पानी मुस्कुराएगा

एकांगी 4

अंगारों के खिलखिलाने को गुलमोहर कहते हैं

एकांगी 5

ज़मीन काली कर देने से छाया नहीं बनती

एकांगी 6

हवाओं की नदी में नावें तैरती हैं महुए की